The Procession of Memories

HARRY MARTINSON
The Procession of Memories
SELECTED POEMS 1929 – 1945

A New Bilingual Edition
Translated by

Lars Nordström

La Grande, Oregon • 2009

Acknowledgements

Some of these translations have previously appeared in *Ice-Floe: International Poetry of the Far North*, *Great River Review*, *Oregon Literary Review* and *Words without Borders*.

The translator thanks George Venn and Marie Balaban for reading the manuscript carefully and helping to make it a much better book.

Lars Nordström, www.larsnordstrom.com

© English language copyright 2009, Lars Nordström
Original Swedish language copyright by The Estate of Harry Martinson
ISBN: 978-1-877655-64-7
Library of Congress Number: 2009927703

First Edition
August 2009

Front Cover painting, *Eldareporträtt* [Portrait of a Stoker], orignal painting by Harry Martinson, reproduced courtesy of Moderna Museet, Stockholm, Sweden.

Sketch of Harry Martinson: Arne Cassell, © 2009 Artists Rights Society (ARS), New York/BUS, Stockholm.

Back cover & title page silhouette sketch of clipper ship by Harry Martinson, reproduced courtesy of Harry Martinson Estate.

Cover Design by Kristin Summers, redbat design
Translator photo by Cynthia Nordström
Text Design by David Memmott

Published by
Wordcraft of Oregon, LLC
PO Box 3235
La Grande, OR 97850
www.wordcraftoforegon.com
editor@wordcraftoforegon.com

Member of Council of Literary Magazines & Presses (CLMP) and
Independent Book Publishers Association (IBPA)

Titles set in Trajan Pro. Text set in Adobe Garamond Premier Pro.
Printed in the United States of America.

Table of Contents

Introduction 9

From *Spökskepp* [*Phantom Ships*] (1929)

Phantom Ships 15
Sunderland 17
The Roving Spirit 17
Sea Birds 19
It Is Precisely on a Day Like This… 21
Have You Ever Seen a Coal Tramp… 21
Awakening 23
Epilogue 25

From the anthology *Fem unga* [*Five Young Ones*] (1929)

Evening 29
Day 31
The Bell Buoy 33

From the anthology *Modern lyrik* [*Modern Poetry*] (1931)

Poem 43
The Home Village 45
Prison 45
Fog Curtains 47
Persuasion 47

From *Nomad* [*Nomad*] (1931)

Convoy Painted in Camouflage 51
Coal 55
Anni 57
Barge Song 59
The Power of Fire 59
When the Earth Laughed 61
The Death of a Friend 61
Psalm 63
View 63
The Swimmer's Beach 65
Listeners 65
Nature 67
Children 67
From "The Procession of Memories, I" 69

From *Natur* [*Nature*] (1934)

A Child Was Born— 73
Winter Piece 73
Women Farm Hands 75
Poverty 79
The Vision 79
Van Gogh's Soul 81
Opera 83
Fairy Tale Land 85
Sea Nocturne 85
Summer Night on the Gulf of Bothnia 87

From *Nomad* [*Nomad*] (1943)

Fall on the North Sea 91
Far from Here 93
Young Death 93
From "The Procession of Memories, III" 95
Sunset 95
Tough Years 97

From *Passad* [*Trade Winds*] (1945)

Different Countries 101
Beach Murmurs 101
The Radiant Beauty 103
Wilderness Secret 105
The Sea Tavern 107
The Juniper 107
From "Blades" 109
The Game 111
Getting Close to Haying 111
Dora 113
The Cockchafers 113
In June 115
D. H. Lawrence 115
Visit to an Observatory 117

Harry Martinson: A Bibliography of Books in English Translation

About the Translator

Sketch of Harry Martinson by Arne Cassell
(courtesy of Artists Rights Society)

Introduction

In 1974, on the 200th anniversary of the Royal Swedish Academy, two Swedish authors shared the Nobel Prize for Literature: Eyvind Johnson and Harry Martinson. Both belonged to a large group of prominent writers who emerged during the 1920s and 1930s from rural, proletarian origins to dominate Swedish literary life for the next half century. Most had very little formal education—they were a generation of autodidacts. Harry Martinson (1904 – 1978), in particular, had no formal schooling beyond his thirteenth year, but possessed an insatiable appetite for reading, a very good memory, an acute, observant eye and a vivid imagination. He also had a spellbinding voice.

Almost all of Martinson's early writings grew out of his personal experiences as a child and young man. Because of this strong autobiographical emphasis, a few words about his early life are in order. In 1910, when Martinson was six years old, the family fell apart. His father died of tuberculosis and his mother—overwhelmed by debt and personal difficulties—fled to America, abandoning her seven children. Soon after, they were scattered as foster children on various farms in the local area, being moved around on an annual basis. For the young boy, much of the next decade was characterized by scant letters from his mother, endless work, often loveless homes and a lingering sense of rootlessness. As he says in the poem "Listeners," "I froze at my childhood's hearth." But there were also wonderful places where his young mind could find refuge. He loved school and he loved to read. He always knew the answers to the teacher's questions. Nature fascinated him, as did geography and astronomy.

At age 16, Martinson became a sailor. It was a dream he had nurtured for many years. The main reason for this was to find passage to the United States. In 1922 he finally made it to New York where he tried to contact his mother, who lived in Portland, Oregon. The attempt failed. Disheartened, he ended up spending the next five years as a vagabond in Sweden and South America, and as a sailor on the world's oceans. In 1927, following a case of malaria and early signs of tuberculosis, he left the sea permanently and returned to Sweden. Homeless, destitute and ill, he turned to poetry, writing down his experiences and memories, and trying to sell them to newspapers and magazines. It was a difficult time. But in that same year, at the office of a radical newspaper in Gothenburg, he was introduced to Helga Johansson, a recently widowed leftist feminist. She was fourteen years his senior, the mother of three grown sons. Helga also nurtured the dream of becoming a writer. She invited him to come and stay for a while on her small farm outside Stockholm. He accepted the invitation.

It was on this farm that Martinson launched his writing career. His first book, a volume of poems entitled *Spökskepp* [*Phantom Ships*], was published in 1929. Shortly after its publication he married Helga, who took the pen name Moa Martinson. It marked the beginning of an incredibly productive period for both of them. During the following decade Harry Martinson wrote poetry, autobiography, fiction, essays and drama. He wrote for the press. He painted. He appeared on the radio. He developed friendships with many contemporary authors and painters. Soon, he was something of a celebrity. At the outbreak of World War II, when his marriage to Moa came to an abrupt end, Martinson had published two more books of poetry, two prose volumes depicting his experiences as a vagabond and sailor, two autobiographical novels describing his childhood and youth, as well as three books of nature essays.

The five major themes in Martinson's oeuvre—memories from his childhood, his life as a sailor, his experiences as a vagabond, his keen observations of nature and a fascination with astronomy and space—can be found throughout the poems as well. Many of the poems in this collection deal with his experience as a sailor. They convey a wide emotional spectrum—energy, curiosity, flights of fancy, humor, warmth, sadness, longing and rootlessness. There is an appealing, positive tone in many of these poems and a freshness in the language. Among other things, one notices an innovative use of compounds and striking visual imagery that reflects his interest in painting. These poems somehow also convey the feeling that being a sailor holds the essence of a life lived fully and freely. Some of the poems hold a metaphorical dimension. "Have You Ever Seen a Coal Tramp ..." is as much a 1927 Martinson self-portrait—leaving the ocean behind for good—as it is a description of a storm-damaged "tramp," one of those cargo vessels without a fixed schedule.

Closely related to his life as a sailor is his life as a vagabond, and in both instances one quickly becomes aware of a deep sense of rootlessness at the core of Martinson's identity. It was a feeling that apparently coalesced early in his psyche, and was reinforced yet again with his failed attempt to reunite with his mother. After seven years as a sailor and tramp, it was there to stay. Occasionally he explores its dark side. A poem such as "Prison" makes clear that rootlessness could come dangerously close to hopelessness. But much more often, Martinson transforms this feeling into a philosophy of life, an outlook he refers to as being a "global nomad." The fact that he uses "nomad" twice for a book title—a dozen years apart—for two very different collections of his poetry, points to its centrality and lasting significance in his thinking.

Many of these poems also roam the world of childhood memories. Harry Martinson loved children, their spirit, potential, creativity, playfulness and innocence. Childish becomes a synonym for possible. In this group of poems there are glimpses of play mates, such as "Anni" with the glittering eyes, with whom he gets in trouble for just being a child. There are recollections of stern and loveless foster parents, of storytelling around the hearth in the old days before electricity, and of the loving images of women farm hands working long, hard days on farms and crofts. Women, it should be noted, play significant roles in Martinson's work and often come to symbolize different aspects of his lost mother.

From a very early age, Martinson was fascinated with the natural world and throughout his work it constantly serves as a refuge from the world of harsh realities. Over time, Martinson acquired a deep and wide knowledge of flora and fauna and became one of the early proponents of an "ecological" point of view. In his poetry, the explorations of the natural world usually begin with small things, with a beetle or a bird call, rarely with the grandiose or overtly magnificent. In a few poems we catch a glimpse of his early fascination with space, a life-long interest that would eventually lead to the creation of his famous epic poem about the space ship *Aniara*.

* * *

It is from the river of poems from the late 1920s through World War II that these translations have been selected. Reading through Martinson's collected poems, whenever I found one that spoke to me, I paused and asked myself two questions: Had it ever been translated into English? If not, I considered it available. Would an American reader without detailed knowledge of early 20th century Swedish culture, geography, and history be able to appreciate the poem without notes or commentary? If the answer was yes, I translated it.

Lars Nordström
Beavercreek 2008

FROM

Spökskepp

[*PHANTOM SHIPS*]

(1929)

Spökskepp

Vi äro spöskepp, tyst på väg
mot soluppgång och gryningar.
Vi äro skeppen utan hem, de evigt farande.
Vi segla tyst i nordhavsstorm
och sydhavsljumma dyningar –
vi äro skeppen utan hem, de evigt farande.

Och ständigt spöka på vår färd
de samma vilda drömmarna,
och samma sånger ljuda ständigt återtonande.
Och glömda stormar vakna upp
till dödsdans över strömmarna –
och samma dyning nynnar blid och allförsonande.

Se, tusen skepp ha gått ur kurs
och drivit bort i dimmorna
och tusen män ha gått i kvav med bön till stjärnorna.
Och samma öden se vi än
på väg mot morgonstrimmorna.
Och samma drömmar fylla än
de trötta hjärnorna.

I mörka rymder lyser dock
Orion lika tindrande
på trötta män, som slutat se mot morgonsynerna.
Vi andra drömma än i natt
om gryningsljus, som glindrande
skall uppgå över vraken på de öde dynerna.

Phantom Ships

We are phantom ships, silently traveling
toward sun-ups and dawns.
We are the ships without homes, forever moving.
We sail silently in northern storms
and in temperate south sea swells—
we are the ships without homes, forever moving.

And the same wild dreams
always haunt our journey,
and the same songs reverberate always.
And forgotten storms wake up
to a deadly dance across the currents—
and an identical swell hums mildly and completely reconciling.

Look, a thousand ships have lost their course
and drifted off in the fog and a thousand
men have foundered while praying to the stars.
And we still see destinies just like them
heading toward the morning rays.
And the same dreams still fill
our tired brains.

But in the dark heavens Orion,
just as twinkling, shines on tired men
who no longer pay attention to the visions of morning.
Tonight the rest of us still dream
about dawn's glittering light that will rise
over the wrecks on desolate dunes.

Sunderland

Hundrade långväga fartyg gledo
med utvakta ögon mot Sunderland.
Dumt glodde fyren, dumt glodde hamnen,
dumt glodde allting i Sunderland.

Hundrade ankare störtade sig
på huvet i havet vid Sunderland.
Kallt glodde fyren, kallt glodde hamnen,
kallt glodde allting i Sunderland.

Den irrande anden

Jag vet ej vem jag varit,
blott att jag hädan farit
i Heliga Korsets krig.
Nu irrar min ande och spörjer
de farande vädren
och sörjer
en tro som mördade mig.

Men värst av all min vånda är
att *intet* finns till ledning
vem mördat mig,
munk eller hedning.

Sunderland

A hundred ships from far away
slid toward Sunderland with exhausted eyes.
Stupidly the lighthouse stared, stupidly the harbor stared,
everything stared stupidly in Sunderland.

A hundred anchors tumbled down
on their heads into the sea in Sunderland.
Coldly the lighthouse stared, coldly the harbor stared,
everything stared coldly in Sunderland.

The Roving Spirit

I don't know who I was,
just that I departed this life
in the war of the Holy Cross.
Now my lost spirit wanders
questioning the roving winds
and grieving
a faith that murdered me.

But worst of all my agony is
that *nothing* suggests
who murdered me,
monk or heathen.

SJÖFÅGLAR

Våra tankar äro sjöfåglar –
alltid på flykt.
Äta vi köttsoppa
i mässen vid Cape Cod
släpper vår gamla sjöfågel en lort
        på havets milstolpe – Rockall
eller dåsar den som en sömnig pingvinfågel –
med nytvättat skjortbröst –
nere vid Mount Ross –
eller viskar den som en tröttflugen duva
i örat på Karen, min älskade Karen,
i borgmästarköket i Kerteminde?
Sjöfåglar äro våra tankar
        och alltid flyga de ifrån oss;
och sitta vi i mässen vid Cape Cod –
sotiga, svettiga – och köttsoppan ...
är min själ inget vidare –

Sea Birds

Our thoughts are like sea birds—
always in flight.
When we eat meat soup
in the mess hall while passing Cape Cod
our old sea bird leaves a dropping
       on that milepost of the sea—Rockall
or dozes off like a sleepy penguin—
with a newly washed shirt-front—
down by Mount Ross—
or does it whisper like a fatigued dove
in Karen's ear, my sweet Karen,
in the mayor's kitchen in Kerteminde?
Our thoughts are like sea birds
       and they always fly away from us;
and we sit in the mess hall while passing Cape Cod—
sooty, sweaty—and the meat soup ...
well, it is definitely nothing to write home about—

Det är just en sån här dag ...

Det är just en sån här dag man förbannar skugglösa slätter.
Eldarna hojta där nere i helvetshettan –
som när man sticker ett glödgat spett i en isgrogg –
Havet är en vaggande duk av blank olja.
Men: Ett svart moln svänger armarna över havet:
Jag vet det: *Pamperon* tar oss –
jag såg vinden så ett knippe stormsvalor.

Har ni sett en koltramp ...

Har ni sett en koltramp komma ur en orkan –
med bräckta bommar, sönderslitna relingar,
bucklig, stånkande, förfelad –
och med en skeppare som är alldels hes?
Fnysande lägger den till vid den soliga kajen,
utmattad slickande sina sår,
medan ångan tynar i pannorna.

It Is Precisely on a Day Like This ...

It is precisely on a day like this that you curse shadowless plains.
The stokers yell in the infernal heat down below—
like jabbing red-hot iron bars into drinks full of ice—
The sea is a swaying cloth of glistening oil.
But: A black cloud swings its arms across the sea:
I know it: The *pampero* will catch us—
I saw the wind sow a bundle of storm petrels.

Have You Ever Seen a Coal Tramp...

Have you ever seen a coal tramp come out of a hurricane—
with broken booms, gunwales torn apart,
dented, puffing and blowing, off track—
and with a skipper who has lost his voice?
Snorting, it berths at the sunny dock,
exhausted, licking its wounds,
while the steam wastes away in the boilers.

Uppvaknande

Här är så grått och vardagstrist
så att mitt hjärta vill brista –
Jag tycker det är som om något jag mist
fast jag intet hade att mista.
Men tänker jag efter – väl,
så tror jag, jag mist min barnasjäl.

Awakening

Things are so gray, boring and ordinary
that my heart wants to break—
It seems as if I have lost something
even though I had nothing to lose.
But when I look back—well,
I think I have lost my childhood spirit.

Epilog

Vi söka famlande mål och mening –
vårt svar blir vindar,
som fly och susa
och dö i natten.

Vi söka fromma en gudsförening –
vårt svar blir floder,
som trå och brusa
mot större vatten.

Vi äro stadda på ökenresa
mot fjärran mål som blott drömmen känner.
Men i oasen blir all vår nesa
till hopp – ju hetare dagen bränner –
hugsvalda spana vi nya land
i hopplöst brännande ökensand.

Där går ett mummel i karavanen,
vi stirra åter i ökensanden.
Det var en hägring, vårt mål Jordanen
är ännu långt bortom ökenranden.
Då hörs ett knorr i kolonnens tät:
Är det vår mening, Guds hemlighet?

I norr där polskenets slöja sopar
de öde fjällen i vinterkvällen,
i öknens kvalm där kamelen ropar
sin nöd vid utsinta vattenställen –
fanns ingen skickad att finna det,
vår stora mening, Guds hemlighet.

Där går ett mummel i karavanen,
vi stirra åter i ökensanden.
Det var en hägring, vårt mål Jordanen
är ännu långt bortom ökenranden.
Och fram i brännande ökenban –
går släktets eviga karavan.

Epilogue

Fumbling we search for goal and purpose—
our answer is winds
that flee and sigh
and die in the night.

Piously we search for unity with God—
our answer is rivers
that yearn and roar
toward greater waters.

We are on a journey through the desert
toward distant goals which our dreams only know.
But in the oasis all our shame
is transformed into hope—the hotter the day burns—
comforted we gaze toward new lands
in hopelessly burning desert sand.

There is mumbling in the caravan,
once more we stare down into the sand.
It was a mirage. Jordan, our destination,
is still far beyond the desert horizon.
A grumbling is heard at the head of the column:
Is that our purpose, God's secret?

In the north where the veil of the aurora borealis
sweeps the desolate winter evening mountains,
in the desert heat where the camel calls out
its calamity by dried-up watering holes –
there was no one suited to find it,
our great purpose, God's secret.

A grumbling is heard in the caravan,
once again we stare into the desert sand.
It was a mirage, Jordan, our destination
is still far beyond the desert horizon.
And onward on the burning desert trail—
the eternal caravan of our race keeps moving.

FROM

Fem unga

[*FIVE YOUNG ONES*]

(1929)

Afton

Där ute vandrar en vind som ingen anar –

Stjärnorna slå upp ögonen,
natten böjer sig ner och kysser vårt hus.

Älskade – din panna är vit.
Din bleka sorg lyser här inne
i jordens härbärge,
din bleka sorg lyser här inne!

Jag vill ej tända lampan.
Jag vill sitta här och välsigna
               ljuset,
               ljuset.

Evening

A wind that no one can imagine passes by outside—

The stars open up their eyes,
night bends down and kisses our house.

Beloved—your forehead is so white.
Your pale sorrow makes a light here
inside earth's shelter,
your pale sorrow shines in here!

I don't want to light the lamp.
I want to sit here and bless
              the light,
              the light.

Dag

Det är en vanlig dag med breda vindar från havet, med fladdrande
 kvinnohår i blåst.
Sölögda barn lyssna i snäckor.

Någon – långt borta – spelar några fåglar och kyssar på en flöjt. De
 fladdra i vinden över havet och dö.
Kvinnor lyssna – le – barmar hävas som dyningen och skälva som
 den då den faller.

Män måste gå avsides för att dölja sin brunst – unga
fattiga män med vackra lemmar gömda i trasiga kläder.
Smeker oss intet öga under strandens träd?
Sjunger icke även till oss ett blod berusande oden?

Gräset ligger som en grön gud, rymden välver sig och solen spelar.
En drömmande man står på revet och väntar på: Varde ljus!

Det är en vanlig dag med breda vindar från havet.

Day

It is an ordinary day with wide winds from the sea, with women's hair
 streaming in the breeze.
Sun-eyed children listen to seashells.

Someone with a flute—far away—plays a few birds and kisses. They
 flutter in the sea wind and die.
Women listen—and smile—their bosoms heave like the swells and tremble
 when they fall.

Men have to go aside to hide their arousal—young
poor men with beautiful limbs concealed by ragged clothes.
Is there no eye caressing us from under the shoreline trees?
Aren't there odes sung for us that makes our blood sing?

The grass stretches out like a green god, the sky makes an arch and the sun frolics.
A man dreaming stands on the reef waiting: Let there be light!

It is an ordinary day with wide winds from the sea.

Klockbojen

Hon är en helt vanlig klockboj, förankrad i västra Zuiderzee. Jag skulle kunna skriva en saga om henne, när hon står där lättjefullt nynnande för sig själv på kvällsdyningarna; jag skulle kunna låta henne vagga med de nitade höfterna och tala om sitt förmenta liv eller låta henne ringa ner solen i havet. Men jag gör det ej.

Hon är en helt vanlig klockboj, byggd i Leyden, fraktad utför Rhen av en läktare och förankrad här i västra Zuidersee. Hennes fabrikant är en mindre varvsägare i Leyden, som utom att han äger ett bojvarv även odlar lök.

Detta liknar en stor tanke, ty klockbojen där ute i Zuiderzee liknar en stor lök av stål med en klocka ringande i den avskurna stjälken.

Men jag försäkrar att det bara är ett sammanträffande.

Klockbojens uppgift är att bevaka en bank, som sträcker sig nio sjömil åt nordost, ut mot Friesiska öarna, och hon har gjort det i fjorton år.

Det är inte hennes fel att tre koffar med barnrika familjer drev in och strandade här i en höststorm för fem år sedan. Hon röt som ett lejon och gjorde vad hon kunde.

Det har kommit döda sjömän drivande utifrån havet, döda sedan många dagar, omgivna av stora stim rovfiskar, framvaggade av böljorna. De ha gjort en kretsrörelse omkring henne och gått till botten i virveln runt hennes kropp. Hon har gjort vad hon kunnat: vaggat med höfterna, ibland omärkligt sakta, ibland svagt, rytmiskt som i en dyningarnas tango, hon har slungat sin kropp i brottsjöarnas fandango, doppande sin bak i virvlar av mareld, hon har ryckt i sina fjättrar till höststormarnas rytande cancan; och hon har sjungit med alla sina läten i samklang med havet, med havet.

När tunga höststormar vräka in de väldiga svarta vågorna som, födda ända vid Maine, växa fyrtio fot höga innan de nå Holland: då blir Zuiderzee lik en brädfylld nedgrävd kittel kokande den svarta degeln under stormskyarna, och då ryter klockbojen, den stora löken av stål, som en lejoninna.

I havssommaren, när de häftiga åskbyarna komma farande från väster, kan man höra henne skälla som en hund djupt in i hällregnen. Men när dyningarna liksom bevekande smeka hennes höfter efter stormarna, sjunger hon Ostfriesiska revelns ensamhetssång likt en sorgsen kvinna.

Ibland, när havet är nästan stilla, nynnar hon sakta, ohörbart, som om hon talade med något inne i sig själv. Då kommer en vindkåre dragande och hon ger till ett sorgset klagande som en sjöko.

*

The Bell Buoy

She is a completely ordinary bell buoy, anchored in the western part of the Zuider Zee. I could write a fairy tale about her, standing there, indolently humming to herself on the evening swells; I could let her sway her riveted hips while speaking of her imaginary life or let her ring down the sun into the sea. But I won't.

She is a completely ordinary bell buoy, built in Leyden, transported down the Rhine on a freight barge and anchored here in the western part of the Zuider Zee. She was manufactured by a small shipyard owner in Leyden, who, besides owning a bell buoy business, also grows onions.

This seems like a grand thought, because the bell buoy out there in the Zuider Zee looks like a big steel onion with a bell ringing in the cut-off stalk.

But I insist that this is only a coincidence.

The bell buoy's task is to guard a sandbank that stretches nine nautical miles to the northeast, toward the Frisian Islands, and she has done that for fourteen years.

It is not her fault that three merchant vessels with large families onboard started drifting and ran aground here in a fall storm five years ago. She howled like a lion and did what she could.

Dead sailors have drifted in from the sea, dead for many days, surrounded by great schools of fish of prey, rocked forward by the waves. They have made circular movements around her and gone to the bottom in the whirlpool around her body. She has done everything she has been capable of: swayed her hips, sometimes imperceptibly slowly, sometimes weakly, rhythmically as in a tango of the swells; she has hurled her body in the fandango of the stormy seas, dipping her behind in whirls of sea fire; she has yanked her chains to the cancan of the roaring fall storms; she has sung with all her many voices in harmony with the sea, the sea.

When heavy fall storms hurl their huge black waves, which, born in far-off Maine, grow to the height of forty feet before they reach Holland: then the Zuider Zee becomes a submersed, brimful cauldron boiling its black crucible under the stormy skies, and then the bell buoy roars, the great steel onion, like a lioness.

During the sea summer, when fierce thunderstorms come rushing in from the west, you can hear her barking like a dog deep inside the pouring rain. But when the swells sort of appealingly caress her hips after the storms, she sings the East Frisian sandbank's solitary song like a sad woman.

Sometimes, when the sea is almost flat, she hums slowly, inaudibly, as if she spoke to something within herself. Then a light breeze comes along and she gives off a sad wailing sound like a sea cow.

*

Ibland drar en lasttramp förbi – en av de där hundra lasttramparna man möter i havsdimmorna och om vilka man inte vet varifrån de komma eller vart de gå. Och en kapten, som röker Capstan Medium, gör en pejlande handrörelse över kompasskivan och säger: Ostrevelns klockboj numro 2 tvärs, och tänder en ny pipa Capstan Medium.

*

Ibland kommer en sjömås med tunga vita vingar, sätter sig på bojstjälken, spanar över dyningarna och slipar sin näbb. Hon är gammal och heter Giri och är aktad av alla måsar i Zuiderzee. Det sägs att hon är född vid det stormiga Orkney och att hon har en ålder som ingen vet. Men man vet att hon för länge sedan är för gammal att flyga de stora stormvägarna och att hon nu för alltid vilar ut sitt gamla liv här i Zuiderzee.

Än kan man få se henne kretsande i en flock havsmåsar i stormarna kring Friesiska öarna, men vid lugnt väder lever hon alltid för sig själv, i avskildhet med det ensamma havet kring Ostfriesiska revlen.

På Leydenvarvets stora havslök numro 2 är hennes viloplats i lugna dagar. Då står bojen och mumlar liksom för sig själv, nästan omärkligt vridande sina stålhöfter i strömdraget kring sin kropp; och när hon sitter där i bojstjälken, hoprugggad i sig själv, spanande över ett hav blankt som olja, liknar hon en stor ensamhets evighetsfågel.

Och bojen på den ödsliga Ostfriesiska revlen blir ett osägbart symboliskt ting, vaggande *henne* på en dyning ute i en övergiven evighet.

Nu har Giri hållit till här kring sin ensamhet i många stormtider (sjömåsarnas tideräkning är stormtiderna som draga över havet). Någon gång har hon gjort en avstickare, den vita kroppen har försvunnit över det blå havet, förtonat till en vit prick, mindre och mindre, och slutligen till ett blått intet; men hon har aldrig dragit längre bort än till Helgoland eller Terschellings fyrskepp (fyrskeppet vid Väst-Holland som de nordiska sjömännen än idag kalla *Treskilling banko*). Och efter stormdagarna har hon vänt tillbaka till den gamla bojen – Leydenvarvets lök på Ostfriesiska revlen.

Hon är den enda more i Zuiderzee som vågat sätta sig på en boj medan den sjunger, och sjöfåglarna som flyga förbi och se henne där skria varnande till henne, att hon är lika oförsiktig som fågelägget, vilket kastade sig i havet innan det skulle och därför aldrig blev någon fågel.

Omigen, omigen skria de och försvinna bort över revlen, och åter sjunger bojen ensam sin sång för Giri.

*

Sometimes a freight tramp passes by—one of those innumerable freight tramps you encounter in the sea fog; you don't know where they come from or where they are going. And its captain, who smokes Capstan Medium, makes a directional motion with his hand across the compass card and says: "Bell buoy number 2 straight across on the eastern sandbank," before lighting another pipe of Capstan Medium.

*

Sometimes a seagull with heavy white wings comes and alights on the stalk of the buoy, stares across the swells and sharpens her beak. She is old and her name is Giri and she is respected by all the seagulls in the Zuider Zee. They say that she was born on the stormy Orkney and that no one knows her age. But everyone knows that it was long ago that she grew too old to fly the great storm paths and that she will now spend the last of her old life resting here in the Zuider Zee.

You can still see her circling with the other seagulls in the storms around the Frisian Islands, but when the weather is calm she always stays by herself, in solitude with the deserted sea around the East Frisian sandbank.

The great sea onion number 2 from the Leyden shipyard is her resting place on calm days. That is when the buoy sort of mumbles to itself, almost imperceptibly twisting its steel hips in the current around its body; and when she sits there on the stalk of the buoy, inside her ruffled feathers, staring out across a sea as shiny as oil, she looks like the great solitary bird of eternity.

And the buoy on the desolate East Frisian sandbank becomes an unpronounceable symbolic object, rocking *her* on a swell in an abandoned eternity.

Now Giri has lived here with her solitude for many stormy seasons (the gull's calendar consists of the storms that move across the sea). Occasionally she has made a little detour, and her white body has disappeared over the blue sea, faded to a white dot, smaller and smaller, and finally to a blue nothing; but she has never flown further than to Helgoland or to Terschelling's lightship (the lightship near western Holland which Nordic sailors to this day call *Tre skilling banko*). And after the stormy days she has returned to the old buoy— the onion from the shipyard in Leyden on the East Frisian sandbank.

She is the only seagull in the Zuider Zee that has dared to alight on a buoy while it sings, and the sea birds that fly by and see her there, scream their warnings to her, that she is just as rash as that bird egg that jumped into the sea before its time and because of it, never became a bird.

Over and over again they scream and disappear across the sandbank, and over and over again the solitary buoy sings its song for Giri.

*

En dag kom ett stort dunder vällande in ute från havet, det steg och föll och rullade som mörka moln av ljud in över Ostfriesiska reveln. Människor som bo på kusterna när och fjärran Ostfriesien kunde berätta om att två flottor drabbade samman där ute. Men fåglarna känna inte människorna (de lyckliga fåglarna!).

Sålunda fortfor dundret långt fram på natten, och sjömåsen Giri såg med fågelhäpnad stora flockar av sjöfågel komma kretsande in över Ostfriesiska reveln, trots att hon ej kände sig burrig i blodet och inget stormväder väntade. (Vad var det för en bild – vita fågelskyar liksom en gång kring en häckningsklippa bortom många stormtider ute i havet.) Två åskor knuffades där ute på havet. En mås, bara en mås satt på bojen och undrade.

*

På morgonen tystnade så plötsligt det stora dundret ute på havet. Det blev åter tomt på sjöfågel i Zuiderzee. Ensamfågeln Giri satt kvar i bojstjälken, tyst spanande åt det håll där dundret dött, men dundret kom ej igen. Och bojen vaggade med höfterna och sjöng Ostfriesiska revelns ensamhetssång.

Så var det lugnt några dagar, men så kom en storm, mörk och hastande borta från väster. Och med den kommo massor av döda sjömän drivande in mot Ostfriesen.

De kommo drivande på den mörkblå, ännu icke ljusnade dyningen.

Och med de puffiga livbältena som pöste upp sig av havsvattnet liknade de en sorts underliga drivande bojar.

Det var officerare. Dekorerade.

Bandskalorna på bröstet gåvo en spektralanalys över deras utmärkelser. Och de gungade fram på vågorna, med upplösta kroppar, stadda i upplösning.

Det var skäggiga gamla tyska båtsmän, i urtvättade blåkragar och med stelnade ådriga händer, strimmiga av tatueringar. Och det var vanliga värnpliktiga unga män, framvaggade av vågorna i olika ställningar, med olika ansikten. En liten engelsk skeppspojk höll ännu en signalflagga i sin knutna hand. En shrapnelskärva hade begravt sig i hans tinning – och han signalerade aldrig mer.

Vid sidan av honom flöt en tysk marinsoldat med buscharongen uppfläkt och med uppfläkningen fortsättande i ett gapande hål i bröstkorgen. Han ansikte log som om han läste Heines dikter, men hans ena ben var stelnat rakt upp i luften och havsvattnet gurglade i bröstet.

De flöto fram som en lättjefull flottilj utan mål och över dem alla sjöng bojen, den stora löken av stål, Ostfriesiska revelns ensamhetssång likt en sorgsen kvinna.

Men ingen hörde det. Jo, en –

One day a great thunder came rolling in from the sea; it rose and fell and rolled like dark clouds of sounds over the East Frisian sandbank. People living along the coasts near and far the East Frisian Islands could report that two navies came to blows out there. But the birds do not know human beings (oh, fortunate birds!).

Thus the thunder continued far into the night, and with avian surprise the seagull Giri saw great flights of seabirds come circling in over the East Frisian sandbank, even though she did not feel ruffled in her blood and no stormy weather was on its way. (What kind of an image was that—skies of white birds just like once around that rock of breeding birds beyond many stormy seasons in the sea.) Two thundering noises pushed each other around out at sea. A gull, a single seagull sat on the buoy wondering.

*

In the morning the great thunder at sea suddenly became quiet. Once again there were no more seabirds in the Zuider Zee. The solitary bird Giri remained inside the buoy stalk, silently watching in the direction where the thunder had expired, but the thunder did not return. And the buoy swayed her hips and sang the solitary song of the East Frisian sandbank.

For a few days everything was quiet, but then a storm came, dark and fast out of the west. And with it, great numbers of dead sailors started drifting in toward the East Frisian Islands.

They came drifting on the dark blue, not yet faded swells.

Wearing their swollen life belts, puffy from sea water, they looked like strange, drifting buoys.

There were officers. Decorated.

The stripes on their chests provided a spectral analysis of their merits. And they rocked forward on the waves, their bodies dissolving, decomposing slowly.

There were bearded, old German bosuns, dressed in washed out blue jackets, with stiff, veined hands streaked with tattoos. And there were ordinary young conscripts with their bodies in different positions, with different faces, rocked forward by the waves. A small British ship's boy still held a signal flag in his clenched fist. A shrapnel shard had buried itself in his temple—and he never signaled anything again.

A German marine floated next to him with his short, pullover coat torn down the front, with the rip continuing to a gaping hole in his chest. His face smiled as if he was reading poems by Heine, but one of his legs had stiffened straight up into the air and sea water gurgled in his chest.

They floated on like an indolent flotilla without a destination, and for all of them the buoy, the great steel onion, sang the East Frisian sandbank's solitary song like a sad woman.

But no one heard it. Actually, one did—

Det var en som rörde sig – sakta, sakta. En som hade fått ett sår i benet och nog hade kunnat räddas om han varit en landsoldat. Men nu var han förlorad. Han vaknade ej till. Han vred sig bara oändligt sakta och hörde liksom i ett fjärran brus: klockan – och log lika oändligt sakta och dog. Det var en varm katolik och innan han dog drömde han sakta om sin begravning – en sommarsöndag på den irländska lantkyrkogården hemma i Donegal.

Men klockbojen vaggade vidare sin blänkande stålkropp och sjöng, medan alltfler av de dödas flottilj vaggade fram och gingo till botten i virveln kring hennes höfter.

*

Och tiden gick. Lugna dagar och nätter suddades in i varandra till långt lugnt havsväder. Men så kom en storm från väster och förde resten av de dödas flottilj bort från Ostreveln in mot kusterna av det låga Holland.

Då vände Giri, ensamfågeln, tillbaka från Helgoland – hon hade varit på spanarfärd, ty liksom alla måsar på havet var hon otroligt nyfiken. Hon satte sig i bojstjälken och såg ned i bojen som gungade med höfterna, vitstrimmiga av hennes spillning. Dyningarna började lägga sig. En röd aftonsol gick ned i havet. Giri ruggade upp sig och somnade sakta. Giri var gammal.

*

Hon är bara en helt vanlig klockboj, förankrad i västra Zuiderzee. Mot en röd kvällshimmel liknar hon en jättestor rödlök av stål. Och hon bevakar en bank som sträcker sig nio sjömil åt nordost ut mot Friesiska öarna.

Ibland kan man höra henne skälla som en hund djupt inne i hällregnen. I höststormarna skakar hon sin kropp, som är kedjad till reveln, och ryter som en lejoninna.

En koltramp kränger förbi i rykande storm, och en kapten som röker Capstan Medium gör en pejlande handrörelse över kompasskivan: Ostfriesiska reveln, klockboj numro 2.

One of them moved—slowly, slowly. One who had received a wound in his leg and who probably could have been saved if he had been a soldier on land. But now he was lost. He did not wake up. He turned infinitely slowly and heard as if in a distant murmur: the bell—and smiled just as infinitely slowly and died. He was an ardent Catholic and before he died he dreamed slowly about his funeral—a summer Sunday in an Irish country cemetery back home in Donegal.

But the bell buoy swayed with its shining body of steel and sang, as more and more bodies in the flotilla of the dead rocked forward and went to the bottom in the whirlpool around her hips.

*

And time passed. Quiet days and nights faded into each other to form a long stretch of calm sea weather. But then another storm came from the west and carried the remaining flotilla of the dead away from the eastern sandbank in toward the coastline of low Holland.

That is when Giri, the solitary bird, returned from Helgoland—she had been on a scouting mission, because like all gulls at sea she was incredibly curious. She alighted on the buoy stalk and looked down at the buoy which swayed her hips, streaked with white from her droppings. The swells started to calm down. A red evening sun sank into the sea. Giri ruffled up her feathers and slowly fell asleep. Giri was old.

*

She is just a completely ordinary bell buoy, anchored in the western part of the Zuider Zee. Against a red evening sky she looks like a gigantic red onion made of steel. And she guards a sandbank that stretches nine nautical miles to the northeast toward the Frisian Islands.

Sometimes you can hear her bark like a dog deep inside the pouring rain. In the fall storms she shakes her body, which is chained to the sandbank, and roars like a lioness.

A coal tramp careens past in a howling gale, and a captain smoking Capstan Medium makes a directional motion with his hand across the compass card: The East Frisian sandbank, bell buoy number 2.

FROM

Modern lyrik

[*MODERN POETRY*]

(1931)

Dikt

Nu lyfter vi cymbalen över jorden.
Och märk: cymbalen är din gamla måne,
som stångat länge nog augusti skogar
och nu är rund som krögarn av sju krogar.

Vi talar till dig på ett språk du anar
djupt ned i kärren och högt upp i himlen;
vi vill förnya nötta stjärnevimlen
och blåsa nya dofter i din blomma.
Och broder, broder, vad som än må komma –
om hor och eld och uppror över jorden,
så minns, o, broder, alltid dessa orden:
    Giv Doft i Blomma.

Poem

Now, let us lift a cymbal over the earth.
And please note: the cymbal is your old moon,
which has butted the forests of August long enough
and is now as round as the innkeeper of seven inns.

We speak to you in a language you can imagine
deep down in the marshes and high up in the sky;
we want to renew the worn and teeming stars
and breathe new fragrance into your flower.
And brother, brother, whatever may come—
of whoring and fire and rebellion over the earth,
just always remember, oh brother, these words:
    Give Fragrance to the Flower.

Hembyn

I hembyns daggmaskluckrade trädgård
växer ännu aklejan
och långsträckta klockor picka gammaldags i alla hus.
Rökarna stiga som offerpelare rakt upp från kojorna,
och för dem som komma därutifrån,
från världshavens hårda arbeten och Barcelonas horgator,
liknar denna fridfulla by en tyst lögn.
En lögn som man gärna skulle vilja dröja vid,
en lögn för vilken man skulle vilja
      förtrampa alla onda sanningar.

Fängelse

I dag äro vi innestängda på dessa slätter –
omgivna av de ogenomträngliga, tunga, gråa snöfallen.
Vi gå plaskande fram på de smutsiga vägarna
och vägarna gå runt, bli vilse
och förlora sig i det regnblandade snöfoket.

Det är som vi aldrig skulle nå hem,
som om vi alltid skulle få vandra här
i denna dag med kallt och vått snöglopp från havet.

The Home Village

In the earthworm-softened garden of one's home village
the columbine still grows
and tall, slender, old-fashioned clocks tick in all the houses.
Smoke rises like sacrificial pillars from the hovels,
and for those who come from outside,
from the tough work on the oceans and Barcelona's red light district,
this peaceful village looks like a quiet lie.
A lie one would prefer to linger with,
a lie for which one would like
       to trample all evil truths.

Prison

Today we are locked inside these plains—
surrounded by impenetrable, heavy, gray falling snow.
We splash along dirty roads
and the roads go round and round, they go astray
and lose themselves in this haze of rain and snow.

It is as if we would never reach our home,
as if we would always have to wander here
today, in cold, wet sleet from the sea.

DIMGARDINER

Dimman lättade över en del av havet,
drog undan draperiet
och solen spelade upp i passaden.
Så klart hade det inte varit på tusen år!

Vid Guinea låg en pintsboj och tjöt till uppbrott,
tjöt förfärligt över den lilla del av havet den bevakade
och som troddes vara hela havet.

Men havet var oändligt –
Långt borta i den dimmiga Valfiskbukten
låg en kolångare,
pinglade i sina ankarklockor och grät som ett innestängt barn.

ÖVERTALNING

Inget skrämmande i berget, mitt barn.
Inget skrämmande i skuggorna omkring oss.
Inget skrämmande i enarna som hasta efter oss.
Det är bara natten, inget skrämmande.
Lilla handen i min hand.
Det blir så när det blir natt, barn.

Fog Curtains

The fog lifted from a portion of the sea,
the curtain was pulled aside
and the sun started playing with the trade wind.
It had not been this clear for a thousand years!

Near Guinea there was a pint buoy, howling for departure,
howled terribly across that small section of the sea which it guarded
and which was believed to be the entire sea.

But the sea was endless—
Far away in the foggy Bay of Whales
a coal tramp rested,
jingled its anchor bells and cried like a locked-up child.

Persuasion

Nothing to fear in the mountain, my child.
Nothing to fear in the shadows around us.
Nothing to fear from the junipers that hurry after us.
It's just the night, nothing to fear.
Your small hand in my hand.
That's how it is at night, child.

FROM

Nomad

[*NOMAD*]

(1931)

Krigsmålad konvoj

I det stora kriget gick vi i en konvoj över Nordsjön. Kröp mot Kirkwall. Stenkolsröken hängde miltals akter ut. Och svärmar med mås.
 Bländvita moln av mås. Mås. Mås. Som badade i vår rök. Döko upp och ner i den. Vi gingo västerut.

Krigsmålade med ränder på skroven. Blått. Vitt. Blått. Kvadrater, kuber, prismor. Färgen flyter in i horisonterna då. Går ihop med havet, vilseleder fienden.

Femtiosex fartyg – kontraband – smyga under horisonterna. Gömma sig i havshimlarnas flikar, krypa in under de vita låga molnen, tona, förirra sig för ögat. Osynliga på havet.

När en ubåt går fram i havsvattnet är den som en blank haj. Av mörk vattenglänsande plåt. Den är en spole. Den är en cylinder. Klyver sjöarna tyst som en val. Tar maneternas klibbiga massor på nosen. Och drivtången trasslar sig om dess enda stag, det blir grönt. Och grön tång viras omkring däckskanonen. En grönprydd mördares dolk blir u-båten. Riktad av en stor osynlig mördare. Riktad av högsta sjökommandot.

Som loppor leva tjugu människor inne i dolkens skaft. Den rusar fram i drivtången. I en spolformig kapsel fara människorna omkring i det stora vackra havet, för att mörda. Döda. Sänka.

Om aftonen driver havet horisonternas vita skyar i vall. Driver dem runt på himmelens betesfält. Vita ulliga hjordar drivas ut till horisonternas luftiga betesmarker. Oändligheten där ute skiftar och avdelar sig mjukt, efter vindarnas system, efter de mjuka, starka krafterna i världen.

En torped på väg mot ett fartygs hjärta är ingenting att se. En strimma i vattnet bara. Fyrtionio knops fart. Stilla, tyst gång i submarint läge.

Den krossar sin näsa och ränner in i plåtarna. Plåtar som är målade i kuber, prismor, kvadrater. Som gå ihop med moln och hav och skyar.

Den slungar sin laddning in i pannrummen. Spränger de stora pannorna – och ångan skränar. Skränar! Skränar ut! Vit, imvit, snövit, skumvit. Inhöljer allt, går ihop med molnen, skyarna, horisonterna.

Convoy Painted in Camouflage

During the Great War we sailed in a convoy across the North Sea. Inched our way toward Kirkwall. The coal smoke hung from the stern for miles. And gulls were flying.

    Dazzling white clouds of gulls. Gulls. Gulls. They swam in our smoke. Dove up and down in it. Our course was westerly.

Painted in camouflage with stripes on the hulls. Blue. White. Blue. Squares, cubes, prisms. The colors merge with the horizon then. Merge with the sea, deceive the enemy.

Fifty-six ships—contraband—sneak below the horizons. Hide along the edges of the sea-sky, crawl below the low, white clouds, fade, confuse the eye. Invisible on the sea.

When a submarine advances through sea water it is like a shiny shark. Made of dark metal, gleaming of water. It is a spool. It is a cylinder. It cuts through the waves quietly like a whale. It catches the sticky masses of jellyfish on its nose. And the drifting seaweed gets tangled in its lone stay, turning green. And green seaweed wraps around the deck cannon. The submarine becomes a murderer's dagger decorated in green. Directed by a great invisible murderer. Directed by the naval high command.

Twenty people live like fleas inside the dagger's handle. It rushes through the drifting seaweed. In a fusiform capsule people travel around in the great, beautiful sea to murder. Kill. Torpedo.

Towards evening the sea drives the white, distant clouds to pasture. Drives them across the fields of sky. White, fleecy herds are driven out to the airy pastures of the horizon. The boundlessness out there changes and divides softly, according to the system of the winds, according to the soft, powerful forces of the world.

A torpedo moving towards the heart of a ship is nothing special to behold. Nothing but a streak in the water. A speed of forty-nine knots. A steady, quiet run below water.

It smashes its nose and hits the metal sheeting. Metal painted with cubes, prisms, squares. Which merge with clouds and sea and sky.

It hurls its load of explosives into the boiler rooms. Blasts the great boilers—and the steam howls. Howls! Howls out of there! White, fog-white, snow-white, foam-white. Enshrouds everything, merges with the clouds, the skies, the horizons.

Eldarna ligga på durkarna, hänga över lejdarna, med köttet bortkokt från lemmarna, med snövita skallar, snövita ben, renkokta av ången som puffar upp sig och bolmar vit som om havet hade heta källor.

Fartyg på fartyg i konvojen: den grönprydda dolken från högsta kommandot rammar dem, de sjunka i havet, högtryckspannorna skräna. Skräna det där skränet. De springande pannornas skrän niohundraåttio mil från land! Och eldarna på sina poster kokas till skelett. Snövita skelett.

Vrakspillror efter en sänkt konvoj bruka flyta omkring länge. De vända sig i alla riktningar på havet, krypa in under horisonterna, söka hjälp för sina sårade som klamra sig fast vid de randmålade delarna.
     Dessa vrakspillror efter en sänkt konvoj äro målade med vilseledande kuber, kvadrater, prismor och deras färger ingå i molnen, horisonterna, vattnet.

En man hänger döende, stönande över en planka tusen mil från land. En planka målad i blått och vitt, blått och vitt.
     Där kommer lite tång drivande. Där kommer en konservburk kastad från ett fartyg. Den som drivit omkring i sju dygn ser dem som själar, som systrar, som mödrar, som kommit ut att göra honom lättare att komma mot land.
     Hans planka flyter vidare med honom. Han nickar åt konservburken, flyter vidare, kommer in i Golfströmmen och upptäcktes aldrig. En planka målad i blått och vitt, i blått och vitt. Det är tusen mil till land.

The stokers lie scattered on the floor, hang over the ladders, with their flesh boiled off their limbs, with snow-white sculls, snow-white bones, boiled clean by the white steam that puffs and billows as if there were hot springs in the sea.

Ship after ship in the convoy: the dagger decorated in green from the naval high command rams them, they sink in the sea, the high pressure boilers howl. Howl that howl. The howl of exploding boilers nine hundred and eighty miles from shore! And the stokers at their stations are boiled to skeletons. Snow-white skeletons.

Pieces of wreckage from a torpedoed convoy usually float around for a long time. They go in all directions on the sea, crawl under the horizons, trying to help the wounded who cling to the painted flotsam.
    The pieces of wreckage from a torpedoed convoy are painted with deceiving cubes, squares, prisms and their colors merge with the clouds, the horizons, the water.

A moaning, dying man clings to a board a thousand miles from shore. A board painted blue and white, blue and white.
    Some seaweed comes drifting along. Over there, a can tossed from a ship. For anyone who has drifted for seven days and nights they appear as souls, as sisters, as mothers, who have come to make it easier for him to reach the shore.
    His board keeps him afloat. He nods to the can, drifts along and enters the Gulf Stream and is never discovered. A board painted blue and white, blue and white. It is a thousand miles to shore.

Kol

Kommen ned till passaderna
och frågen oss något om Durhamkolen!
Frågen oss vad de äro värda
när barometern faller som ett åskslag
och det gäller hinna in i Magellan!

Durhamkolen! Dessa icke fullt utvecklade diamanter
som en havseldare smeker och vårdar
        som om de vore brödfrukter –
        given oss dem idag
när den djävulska algirstybben pyr i våra ugnar
        och vi få arbeta som djur
medan ångan bara tynar i tröstlösa världsresor.

Kommen ej ned med rubiner, med blålysande maneter,
        kvinnolemmar, bröd –
men räcken en världsskyffel över havet
        med Durhamkol!

Kommen till oss vi primitiva älskare!
        Vi primitiva älskare av Durhamkol.

Coal

Come down to where the trade winds blow
and ask us something about Durham coal!
Ask us what it is worth
when the barometer falls like a thunder bolt
and it is a question of making it into the Strait of Magellan!

Durham coal! These not quite fully developed diamonds
which a stoker at sea caresses and handles
       as if they were breadfruits—
       give them to us today
when the hellish coal dust from Algiers smolders in our furnaces
       and we have to toil like animals
while the steam just languishes during hopeless journeys across the world.

Don't come down here with rubies, with blue shimmering jellyfish,
       women's limbs, bread—
but hand us a world shovel across the sea
       with Durham coal!

Come to us who are primitive lovers!
       We, primitive lovers of Durham coal.

Anni

Anni, glitteröga.
Minns du? Vi var sju år gamla då.
Vi gömde oss inne i ett rågfält,
på en stor sten, som kallades – *jättarnas tuva*.

– Runt omkring oss rågens gula bölja.
– Runt omkring oss rågens gula havsvik
famnade en granskogs långa udde.
Anni, minns du torpets röda båk på skogarnas Kap Horn?

Kring vår öde ö tisslade axen, jag kysste din mun,
blåa åkersorkar summo som valfiskar där ute mitt i havet?
Solen och syrsorna: axens tumlare?

Som en tung pråm kom vår fostermoder.
Förde oss hem till torpets hamnar.
Stryk med hasselkäpp och skrikens nödvisslor. Minns du, Anni?

Anni

Anni, glittering eye.
Do you remember? We were seven years old then.
We hid inside a field of rye,
on top of that big rock they called—*the giant's tuft*.

—All around us the yellow waves of rye.
—All around us a yellow bay of rye
surrounding a long spit of spruce forest.
Anni, do you remember the croft's red beacon on the Cape Horn of the woods?

Around our desolate island the ears of rye whispered, I kissed you on the mouth,
blue field voles swam like whales out there in the middle of the sea?
The sun and the crickets: porpoises in the grain?

Our foster mother arrived like a heavy barge.
Brought us home to the croft's harbor.
Hazel stick beating and the whistle calls of distress. Do you remember, Anni?

Pråmsång

Vem är hängivnare än jag – ?
de enklaste spelen, de grovaste jobben!
Jag fraktade stinkande latrin på pråmen Sest I
       ut ur världsstaden Bristol;
häggarna sprutade sin parfym över oss
och stjärnorna tändes i oktober.
Jag sjöng en psalm i den stilla natten
tills pråmen doppade sin bak i havet –
och många sådana nätter ha kommit –
hören, skymningskvinnor! skymningsblommor,
gräs som bugen er i mörkret:
armt mitt liv och ödslig strid.
Men jag lägger min kind ner
och blommar själv på guds tundra.

Eldmakt

Vedhuggarna klaga på järnträdet –
det tar inte ens elden, säga de.
Det är hårt som jättegrifflar resta i
en skog.

Men elden hugger ej med yxor –
den tar mjukt om järnträden med sina fladdrande, tunna armar –
och i järnträdens aska vandrar sedan
den hårda, förundrade världen.

Barge Song

Who is more devoted than I—?
the simplest windlasses, the heaviest jobs!
I carried stinking night soil on the barge *Sest I*
	out of the metropolis Bristol;
the bird cherry trees sprayed their perfume over us
and the stars lit up in October.
I sang a psalm in the still night
until the barge dipped its behind in the sea—
and many such nights have come—
listen, twilight women! twilight flowers,
grass that bows in the darkness:
wretched my life and dreary my struggle.
But I lay my cheek down
and I myself bloom on god's tundra.

The Power of Fire

The firewood cutters complain about the ironwood tree—
fire can't even grab *it*, they say.
It is as hard as gigantic styli erected in
the forest.

But fire does not cut with axes—
it softly embraces the ironwood trees with its fluttering, thin arms—
where later, in the ashes of the ironwood trees
the hard, astonished world roams.

NÄR JORDEN SKRATTADE

Från stad till stad, på krokiga smala avvägar
går vagantens sökarstig. Med örat lyssnande till
människohoppet.

Då hör han en dag en småbarnsskola skratta till
mellan träden i en liten rast på femton minuter.
Allt vad en köping äger av uppriktighet och naivism
skrattar i denna kvart.
Och hela kvarten sitter vaganten med benen i ett dike
och dricker detta skratt till sitt beska bröd.
Och lindarna skaka blom i sommarstormen,
likt ljusa moln av tvålflingor,
och tvätta ymnigt hans tvivelsjuka själ.

EN VÄNS DÖD

Din resa är slut –
man vädrar ut dina kläder –
fönstret står öppet:
på strecket en kappa med flaxande armar
sträcker ut.
Den vinkar mot åkrarnas rågstubb,
luktar stall,
är som ett upphängt förgånget – en luftens tragöd.
Den flaxar åstad, den har bråttom,
som tranan, som flyger till Afrika.

When the Earth Laughed

From town to town, astray on winding, narrow roads
the vagabond seeks his path. With his ear listening for
man's hope.

Among the trees one day, during a fifteen minute rest,
he hears preschool laughter.
Everything a small town possesses of sincerity and naiveté
laughs during this quarter of an hour.
And for the entire quarter the vagabond sits with his legs in a ditch
drinking this laughter with his bitter bread.
And the linden trees shed their flowers in the summer storm,
like bright clouds of soap flakes,
profusely cleaning his afflicted, doubting soul.

The Death of a Friend

Your journey is done—
your clothes are being aired—
the window is open:
a coat on the clothesline reaches out
with fluttering arms.
It smells of stable,
waves to the rye stubble in the fields,
as if the past has been hung up—a tragedian of the air.
It flutters away, it is in a hurry,
like the crane, flying to Africa.

Psalm

I afton är jag sånglös, jag lyss till trastens tal –
en klar, klar bäck i skogen är hans stämma.
Då ropar plötsligt duvan sin dystra, dova nöd,
att skogens mörka korpar bortskrämma.

Utsikt

    Hela denna slätt med sina vackra kullar
    är som en ung kvinna.
    Du ligger utsträckt här – hängiven, ljus.
    De två kullarna där: dina bröst,
    och bröstens bruna vårtor äro två tallar
    – de locka i vinden barnen. –

Och dungen den burriga där vid horisonten är dungen på Venus höjd –
Där susar i kronorna en visa om livets under.
En skolflicka smyger som en nyckelpiga ut på din kropps ljusa slätt,
och över din vackra mages rundning leka sommarmolnens bubblor.

Psalm

This evening I am songless, I listen to the oration of a thrush—
his voice is a clear, clear creek in the woods.
Suddenly a dove calls out about its mournful, aching trouble,
to frighten off the dark ravens of the forest.

View

    This entire plain with its beautiful hills
    looks like a young woman.
    You are stretched out here—affectionate, bright.
    The two hills over there: your breasts,
    and two pine trees are the breasts' brown nipples
    —in the wind they call the children—

And the brushy grove by the horizon is the grove on *mons veneris*—
Its treetops whisper a song about the wonder of life.
A schoolgirl sneaks out on the bright plain of your body like a lady bug,
and over the soft curve of your beautiful belly the summer clouds play like bubbles.

Badstrand

Strandens solspelande snår
betrakta oberörda
de badande kvinnornas rytmiska liljelek.
Vattnets svarta spegel
störd av en simmerskas vita armar
vajar ut dem i vita snabba fladdringar.

Stilla al
och hassel och sälg
kan ej känna manplågan
med alla dess daningssyner – färg, svindel.
Här bada kvinnorna i fred,
här slippa de mansögats skapande camera obscura.

Lyssnare

Jag var liten i lyssnadets dagar –
vid härden sutto de gamla
vaggande sina förmenta synder mot
den sista dagen, då en
korsfäst frälsare skulle två dem rena. –

Katten spann, elden brann, spjällen tjöto, –
någon sjöng slagen och klagade visan
om pigan som trampade på brödet.
Tandlösa munnar berättade i sena höstar
om spetälsk kärrsäd och
beska mjöldrygans blomma.
Jag frös vid min barndoms härd.

The Swimmer's Beach

In playful sunlight shore thickets
watch indifferently
the rhythmic lily strokes of bathing women.
The water's black mirror
is disturbed by a swimmer's white arms
spreading out in quick, white ripples.

Motionless alder
hazel and willow
can not feel the male pestering
with all its shaping visions—blushing, giddiness.
Here the women bathe in peace,
here they escape the male eye's creative *camera obscura*.

Listeners

I was small in the days of listening—
the old ones sat around the hearth
rocking their supposed sins toward
the final day, when a
crucified savior would wash them clean—

The cat purred, the fire burned, the chimney dampers howled—
someone sang the blows and lamented the song
about the maid who stepped on the loaf of bread.
Late autumn's toothless mouths told
of leprous marsh grain and
the bitter flower of the ergot.
I froze at my childhood's hearth.

Natur

Allt var så grått, så grått
och världens svälta tjöt
i blodigt oförnuft –
och dö jag ville inte, ville inte.
Jag fann ett hundlokshav vid nyttorågens strand
och badade mitt ansikte i kryddor från ambras rike.

    Min heta nässelbrända kropp och själ
    blev ett med grön extas:
      O, hemlighet! O, hemlighet!

Barn

Här leka en grupp barn – vinden fejar himlen,
molnen dansa.
Någon kastar sten, någon hjälper myran hem,
någon kastar hasselspjutet genom spindelväven;
några smekas – pojk och flicka,
känna hudens lenhet, rodna röda,
känna svindel, kyssas med röda munnar.
Vinden fejar himlen, träden gunga,
barnen dansa i takt – i gruppextas.
Han och honknoppar leva på träden;
från samma stam de utgå runtomkring.
Vinden, vinden! Barnen, barnen!
Kom ej hit med Lenin, ej med Ramakrishna,
kommen med ödmjukhet
för att lära eder vildhetens betydelsefulla improvisationer.
Nya ursprung föds med varje barn.
Kommen! havet susar
nästan vilda barn – tusen möjligheter
spela kula på stranden.

Nature

Everything was so gray, so gray
and the world's hunger howled
in blood-stained foolishness—
and I did not want to die, did not.
I found a sea of wild chervil along the shore of the utilitarian rye
and washed my face in spices from the Kingdom of Ambra.

    Stung by nettles, my burning body and soul
    became one with green ecstasy:
    Oh, secret! Oh, secret!

Children

A group of children play here—the wind cleans the sky,
the clouds dance.
Someone flings rocks, someone helps an ant home,
someone throws the hazel spear through a spider web;
some caress lovingly—boy and girl,
explore the skin's smoothness, blush red,
feel giddiness, kiss with red mouths.
The wind cleans the sky, the trees sway,
the children dance in unison—in group ecstasy.
Male and female buds live on the trees;
from the same trunk they emanate all around.
The wind, the wind! The children, the children!
Don't bring Lenin in here, don't bring Ramakrishna,
come with humility
learn the important improvisations of wildness.
New origins are born with each child.
Come! the sea murmurs
almost wild children—a thousand possibilities
play marbles on the shore.

Ur "Minnenas tåg, I"

Jag minnes en mun, som aldrig log mot mig.
Och ljungheden sjöng om denna mun
men aldrig om mig.
Jag minnes ett brunnskar med gnisslande trä;
jag vindade vatten morgon och kväll
på vindspelets tjutande hund.

Och gräset omkring vart besusat av vind,
med brutna axlar hängde en grind;
ett gångjärns rostiga öga såg spräckt in
i enarnas lund.

Separatorn sjöng, barbenta pigor drog;
långt, långt bort låg världen bak kulisser av tandad skog.
Ofta vid separatorns ljud brummade pigor en psalm
om rosen på Jolantas barm, och mördaren Gyllenpalm.

Långt, långt borta låg världens öar,
glödande aftonsjöar
lyste i solnedgången –
Myggbetten rev jag blodiga,
slog korna med spön
ty aldrig log mot mig de röda läppar.

From "The Procession of Memories, I"

I remember a mouth that never smiled at me.
And the moor sang about this mouth
but never about me.
I remember a well tub with squeaking wood;
morning and evening, I would wind up water
on a windlass that howled like a dog.

And all around the wind sighed in the grass,
a gate hung with broken shoulders;
the cracked, rusty eye of a hinge looked into
a grove of junipers.

The milk separator sang, barelegged maids cranked;
far, far away there was the world behind a scene of jagged forest.
Often, to the sound of the separator, maids droned a psalm
about the rose on Jolanta's bosom, and Gyllenpalm the murderer.

Far, far away there were the islands of the world,
glowing evening lakes
that shone in the sunset—
I scratched my mosquito bites until they bled,
hit the cows with sticks
because the red lips never smiled at me.

FROM

Natur

[*NATURE*]

(1934)

ETT BARN BLEV FÖTT –

Ett barn blev fött i skogigt land.
En ammfe bad för den lille då
om skydd emot rika och fattiga,
om skydd emot Gud i himmelen,
om rymd över ödet och klarare syn,
om de blåa dunsternas död, och om källor med liv
för undrande rötter grå.

VINTERSTYCKE

Spröda hermelinspår
saxas lätt
i åttor på vintersnön
bort dit en bäck slingrar fram
med vitpälstak.
Här dricker uttern ur isens öga
här där vattenvirveln svarvat upp en porlande skål:
Hit komma barnen med röda luvor
för att höra detta sjungande polartak.
Då gräver sig uttern i grottan
och ser deras ögon i springan.

A Child Was Born—

A child was born in a forested land.
A fairy wet nurse prayed for the little one
for protection against rich and poor,
for protection against God in his heaven,
for space above fate and a clearer vision,
for the death of delusions, and for springs full of life
for gray, wondering roots.

Winter Piece

Crisp ermine tracks
alternate easily
looking like eights in the winter snow
across to where a creek meanders
under a white furry roof.
Here the otter drinks from the eye of the ice,
here where the whirling water has turned a murmuring bowl on its lathe:
The children in their red, knitted caps come here
to listen to this singing polar roof.
The otter digs down in his cave
and watches their eyes through the chink.

Pigor

Minnes barndomens pigor;
tilldels själar
med ödsliga, sensuella ögon;
tilldels höga brösts och mäktiga länders varma
arvsmonument från forna vadmalsland.
Slagfärdiga munnars rop i slåttern;
samsångens pigpsalm i ladugård;
drömmar på knä ibland rovor;
surmjölk i stenkrus på renen.
Det buttra mumlet om Olga
faren i väg till Idaho.

Många tomma pigor sutto
med hängande själar;
men många sutto där stolta: undersamt barnkära kvinnor
       med buttert melodiska röster
          mumlande liksom ur myter.

Där fanns pigor med jungfrudunkel,
  med legenden i schalen
och digra frågor i hindklara ögon.
  Maria gick
  med vit andedräkt
  över världens höstkalla scen.

Där fanns gitarrens klagande himlapiga.
Den slarviga dansbanelängterskan fanns
och den obstinata flottistpigan
– fetischdyrkare inför matrosuniformer.

Men underligast höstskymningarnas
trollska längterska,
separatorns vemodiga, tunga prästinna
som bugade och drog, bugade och drog
den mjölkrytande Alfa-lavalen,
       med spiselelden speglad
         i undrande ögon.

Women Farm Hands

I remember the women farm hands from my childhood;
in part souls
with lonesome, sensuous eyes;
in part high-bosomed and with strong loins, warm
monuments inherited from ancient homespun lands.
Quick-witted mouths calling out during haying;
maiden psalms sung in harmony in the animal barn;
kneeling dreamers among the rutabagas;
buttermilk in stone crocks along the edge of the field.
The surly muttering about Olga,
who had left for Idaho.

Many empty women farm hands rested
with sagging souls;
but many sat there proudly: women wonderfully fond of children
       with sullen melodious voices
          as if mumbling out of myths.

There were women farm hands with a mysterious virginity,
  with legends in their headscarves
  and voluminous questions in their clear, deer-like eyes.
  Maria walked in the cold
  autumn across the scene of the world
  with her white breath showing.

There was the heaven-bound maid of the lamenting guitar.
And the careless one longing for the dance pavilion
and the obstinate naval maid
—fetish worshipper of sailor uniforms.

But strangest of all, the woman longing for
the enchantment of the autumn dusk,
the milk separator's heavy, melancholy priestess
who bowed and cranked, bowed and cranked
the roaring Alfa-Laval milk separator,
       with the fire of the hearth reflected
         in her wondering eyes.

Då sjöng det urtrollska bondska i sinnet
　som en tung malm.
　Buttra talade rösterna.
　Barnet låg undrande i vaggan,
　jakthunden såg upp från sin korg.
　Var det inte som sången om eviga bönder?
　Som malmen av givande jord?

That's when the immemorial magic of the peasant mind sang
   like a heavy ore.
   The voices spoke sullenly.
   In the cradle the child lay wondering,
   the hunting dog looked up from its basket.
   Wasn't it like the song of eternal farmers?
   Like the ore of fruitful soil?

Fattigdomen

Fattigdomen är inte värst för att den jagar människan i döden
för att hon inte vill gå med för trånga skor på livets stig.
Fattigdomen är värst för det inre hat den föder,
för den eviga nålstingsstriden
som dödar säkrare än någonting annat inne i fattiga hus,
tills människan inte vet vilket som vore bäst egentligen
när hon ändå inte märker vinden och solen mer.

Synen

Med skrämsel i ögonen
sågo frälsningssoldaterna
från observatoriets tornhjälm: himlaharporna;
de titaniska, svängande nebulosornas
kaotiska strängar av guldgas.

Långt ut i tidlösheternas omätliga kristall
där tanken skrämd
kan störta evigt genom årtusendena
rörde sig de gasartade gyllene harpobågar
som ryka i Skytten.

Poverty

Poverty is not worst because it hounds a person to death,
because she does not want to walk down life's road in shoes that are too tight.
Poverty is worst because of the inner hatred it gives birth to,
for the never-ending battle of pinpricks
which kill more unerringly than anything else in the houses of the poor,
until a person does not know what is truly best anyway,
since she has stopped noticing the wind and the sun.

The Vision

With fright in their eyes
the salvation soldiers saw it
from the helmeted tower of the observatory: the harps of heaven;
titanic, oscillating chaotic strands
of golden gas of nebulae.

Far out in the vast crystal of timelessness
where the frightened mind
can fall forever through millennia
the gaseous golden arching harps moving
and smoldering in Sagittarius.

Van Goghs själ

Fånga stänglarnas solbugningar
i eldig orange-scharlakan.
Smyg sakta penseln in i snåret,
fäst där i blått
din trosvisshets ögonprickar.
Skynda ut från häckens vindelgröna
att fånga gräsets drivor av apelsingult
innan färgen krälar in i skogarna för att bli kantareller.

Du måste mota hem färgernas alla vilda djur:
kakadoor, vargar, lejon, får och humlor i tavlans stall –
Stjärnlös kväll faller svart med starr.
Natt skall dröja vid andens rutor.
Ingen eld att rita sin ångest i imman.
Issken sneglar in.
Andas människomun! Andas hål!
Öppna!
Öppna, Gud!

Van Gogh's Soul

Catch the stalks bowing to the sun
in fiery orange-scarlet.
Sneak the brush slowly into the thickets,
affix some blue there,
the eye dots of your conviction.
Hurry out of the hedgerow's whirling green
to catch the orange yellow drifts of grass
before the color crawls into the forests to become chanterelles.

You have to shoo home all the wild animals of color:
cockatoos, wolves, lions, sheep and bumblebees into the painting's stable—
An evening without stars falls, black with reeds.
Night shall linger by the window of the spirit.
There is no fire with which to draw one's anguish in the misted panes.
Gleaming ice peeks in.
Human mouth, breathe! Breathe a hole!
Open!
God, open!

Opera

Affischerna ha vädjat i vinterkölden. En förkyld baryton stiger av
tåget i Tomelilla. Ordenshuset klockan åtta precis.
Den basunledda drömmens kvinna och man störta
frysande in och leka i trots med flodernas skumvägar.
Landskapet är storlinjigt
med pinjer av flammande papp.
Perspektivet står kristalliskt på huvudet i titanisk vy
utslungad ur själen och ögat.
Floden rinner i laxhopp uppåt sluttningarna,
upp på det löjligas berg,
uppåt det sublimas kulle.
Operan spelas och arian sjunges i havsgrottan.
Ölbayern skickar in en drake för att rädda ärtan;
sätter med blixtrande ögon igång
alla jordskreden
som löpa av stapeln med brinnande flaggor,
fackelbelysta av vulkanen Stromboli.
Nu stegras trumpetritten
som spricker i bergspassets bubbla.
Svaneprinsessorna sitta trötta på en stor
        golvkudde bland bergen
    och sjunga en liten visa.
        Ridå.
    Inropningar.
    Ridå.
I avklädningslogen tändes ett spritkök.
Tenorerna är trötta och hungriga. Sopranerna värma lite te.
        Det är tusans kallt i Tomelilla.

Opera

The posters have pleaded in the frigid winter. A baritone with a cold gets off
the train in Tomelilla town. Fellowship Hall at eight PM sharp.
Freezing, the woman and man of the trombone-guided dream
rush inside and play scornfully with the river's foamy roads.
The view consists of the broad outlines
of flaming paper pines.
Crystal clear, the perspective stands upside down, a titanic vista
launched by soul and eye.
The river runs up the slopes like leaping salmon,
up onto the ridiculous mountain,
up toward the sublime hill.
The opera is played and the aria sung in the sea cave.
The beer Bavarian sends a dragon to save the pea;
and starts, with flashing eyes,
all the landslides
which take off with burning flags,
illuminated by torches from the Stromboli volcano.
Then a trumpet ride is intensified
and pops the bubble of the mountain pass.
The swan princesses sit tiredly on great
         floor pillows among the mountains
     and sing a little song.
        Curtain.
     Applause and calls.
     Curtain.
In the dressing room a spirit stove is lit.
The tenors are tired and hungry. The sopranos warm some tea.
          It is damned cold in Tomelilla town.

SAGOLAND

I vassarnas stripiga, hårfina torn
sjunger min sävsångare
vaggad på spensliga rör.
Solen, den lysande skivan
står bakom
som jätteägg och evig eld.

HAVSNOCTURNO

Klar vinternatt,
stjärnorna sprudla kallt;
en pojk som längtar till sjöss
står i stilla dödsköld med benen skälvande
på bryggans odukade bord:
han räknar inte stjärnorna,
han räknar fartyg till ankars på denna jorden.
Från däcken höras vaktmännens misstänksamma toffelsteg.

Flottiljens skorstenar
nedsläppa stjärnljuset i sitt sot.
I djupen sova skeppens mörka ankaren;
på våta kättingar klättrar stjärnljuset ombord
för att rymma någonstans till en jordisk ö.

Fairy Tale Land

In the wispy, delicate towers of the reeds
my sedge warbler sings,
swaying on slender stems.
The sun, that radiant disc
hovers in the background
like a giant egg and eternal fire.

Sea Nocturne

Clear winter night,
the stars sparkle coldly;
a boy longing to become a sailor
stands motionless in deadly cold with shivering legs
on the dock's empty table:
he does not count the stars,
he counts the number of ships at anchor in this world.
The suspicious, muffled steps of the guards can be heard on the decks.

The smokestacks of the flotilla
let the starlight down in their soot.
The ships' dark anchors sleep in the depths;
the starlight climbs aboard on dark chains
to run away somewhere to an island on earth.

Sommarnatt
på Bottniska havet

Ljusfluten bottnisk horisont
går svalkad in i kvällens vita intet
där varje stjärna bleks på valvets öde väv
och gryningen tar vid där solen gömt sig.

Osaka Maru långt från Nagasaki
går upp till ljusets brädgårdar vid Ume,
bogserar undrande bushidosjälar
lanternlöst in i sommarspunnet skimmer.
Och liksom de ha andra ständigt undrat;
på hundra sjöspråk har man frågat: varför
står juni natt så vit på Bottniens vågor?

Summer Night on the Gulf of Bothnia

Floating in light, the cooled-off Bothnian horizon
moves into the white nothingness of evening
where every star turns pale on the desolate fabric of the vaulted sky
and dawn takes over from the hidden sun.

Osaka Maru from far-away Nagasaki
heads north to the luminous lumberyards of Umeå,
towing, without lanterns, wondering bushido souls
into a shimmer spun by summer.
And like them, other sailors have always wondered;
and asked in a hundred foreign tongues: why
are the nights of June so white upon the Bothnian waves?

FROM

Nomad

[*NOMAD*]

(1943)

NORDSJÖHÖST

Nu går flottan ut på Doggerbanken –
matfångstflottan, Portsmouths fiskesmackar –
djupt i grå-grå havsdag eka londondimmorna
utav trålare, av Norrlands trälastbåtar.
Nu gå Kochinkinas peppartradare
bölande i grova orglar
ut ur smutsigt Themsen.
Gråa visor äger havet många,
hårda dagar, gråa nordsjödagar –
i oktober klinga inga munspel
ifrån kvästa jungmän djupt i stormen.
Stormen yler, inga mandoliner
kvittra mer på sommarens sjömansvalser.
Man har hårdnat till i gråa vakter,
liksom surrat sina inre känslor,
och behöver knappast vara finne
för att draga kniv i hamnkvarteren.

Fall on the North Sea

The fleet leaves for Dogger Bank now—
the fleet of food catchers, the smacks of Portsmouth—
deep in the gray-gray days at sea you can hear the London fog echo
of trawlers, of northern Swedish lumber ships.
Now the pepper traders bound for Cochin China
bellow like coarse organs
as they leave the filthy Thames.
The sea owns many gray songs,
hard days, gray North Sea days—
deep in an October storm you don't hear
humbled sailors play the harmonica.
The storm howls, no more sailor mandolins
chirp summer waltzes.
You turn hard during your gray watch,
you sort of lash down your inner feelings,
and you hardly have to be a Finn
to pull your knife in the docklands.

LÅNGT HÄRIFRÅN

Långt härifrån vill jag sända en dröm.
Högt flyga svalorna där.
Kanske ditt vete mognar
och genom rågens gula oceaner
går ett sakta nynnande sus om bröd.
Här är en värld av vatten och sten,
min hand är brödlös och jag räknar dess linjer.

UNG BORTGÅNG

Han dog ung. Tolv års ålder. Aftonstund.
Fåglarna sjöng som aldrig förr.

Det var så, att han hade rusat in i det långa gräset.
Där låg plankbiten. Den försummade sig inte, men
högg till hårt och raspade vasst
med idyllens rostiga spik.

Sedan kom blodförgiftningen
och lasarettsdöden om sommaren
då annars alla människor stoja
i lundar och på hav.

Om sommarkvällen kan man höra deras röster tränga in
genom det vita lasarettfönstret
ännu sedan bara någon timma
återstår av ens eget liv.

Far from Here

I want to send a dream far from here.
The swallows fly high there.
Perhaps your wheat ripens
and through the yellow oceans of rye
a slow humming sound of bread can be heard.
This is a world of water and stones,
my hand is without bread and I count its lines.

Young Death

He died young. Twelve years old. It was the evening hour.
The birds sang like never before.

What had happened was that he had run into the tall grass.
The board waited there. It wasn't neglectful, but
it stabbed hard and pierced sharply
with the idyll's rusty nail.

The septicemia came later
and the death in the hospital in the summer
when everybody just made playful noises
in groves and on the water.

In the summer evening one can hear their voices reach all the way
through the white hospital window
as only an hour or two
of one's own life remains.

Ur "Minnenas tåg, III"

Vi låg i gräset
och våra ögon insög åt anden
      allt det sammansatta som är liv och Gud.
Vår undran för dagen tog vid
där alla somrars undran slutat.
Bisarra små hushåll var gömda i tuvorna.
Knappt till att fatta var insekternas liv
förrän tanken förirrat sig in med dem
i gåtfulla tunnlar där inga språk bodde.

Så blev vår förundran en tillbedjan
och vi sänkte våra pannor såsom genom djupt
      vatten inför livets heliga välde.
Sävsångaren brast i gråt i vassens skog,
av sorger mindre än av överfyllda år och
evig stämning av blommors ouppnådda renhets vår.
På gyttjan flöt en liljebård,
dagsländor dogo där invid
på junitysta vattenstenar.
Och allt var väsensfyllt av ögats egen undran.

Solnedgång

Sommarmoln spänna en gul bård över skogarna
höja och sänka den och en spillkråka flyger in i aftonsolen.
Bergen svartna som frusen blast, deras ryggar skälva i ögat. Vinden ilar till och
kammar sakta genom en sträv borst av skogar.
Långt in i den röda solens sista rökiga lyse råmar en ko.

From "The Procession of Memories, III"

We stretched out on the grass
and for the benefit of our spirits our eyes took in
    everything that is complex and which is life and God.
Our wonder for the day began
where the wonder of all summers had ended.
Bizarre little households were hidden in the tussocks.
The life of the insects was barely knowable
until our thoughts got lost with them
in enigmatic tunnels where no languages lived.

In this way our wonder became an adoration
and we lowered our foreheads as if through deep
    water in the face of life's holy empire.
The sedge warbler started crying in the forest of reeds,
less because of sorrows than of years too full and
an eternal mood of the flowers' unattained spring purity.
A border of lilies floated on the mud,
next to it mayflies died
on June's silent watery stones.
And the essence of everything was filled by the eye's own wonder.

Sunset

Summer clouds stretch yellow edging over the forests,
it rises and falls, and a great black woodpecker flies into the evening sun.
The mountains darken like frostbitten potato foliage, their backs quiver in the eye.
The wind suddenly gusts and slowly combs through the rough bristles of forest.
Deep into the red sun's last smoky light a cow moos.

HÅRDA ÅR

Bättre tjäna dräng i underjorden
än som eldare på S/S Alma.
Vi var chartrade på apnötstraden,
Salum River, känner ni den floden?
Den går fram igenom heta saltträsk
och är själv tre gånger saltare
än det hav den giftigt ond går ut i
vid en punkt strax nord om Guinea.

S/S Alma strävade den vägen
sexton gånger mellan Dieppe och Kaolack.
Sexton gånger välvde Kaolacks öknar
sina ytterugnar över floden
där vi själv vid innerugnar sleto.

Oss om misskund tiggde själva järnen
när vi motströms i kompakta hettor
övade vårt helvete i grunden.

Men vi stödde oss på starka njurar,
starka hjärtan och vårt hat till floden.
Rakt mot strömmen tog vi S/S Alma.
Att vi lever än är knappast sanning.
Men vi har ett sätt att le mot andra
spöklikt när de nämner apnötstraden.

Tough Years

Better to work as a laborer in the underworld
than to be a stoker on *S/S Alma*.
They had chartered us for the peanut trade,
Salum River, do you know that river?
It passes through hot salt marshes
and that evil river is three times as salty as
the sea it noxiously empties into
at a point just north of Guinea.

S/S Alma toiled along that route
sixteen times between Dieppe and Kaolack.
Sixteen times the deserts of Kaolack formed
its vaulted ovens above the river
as we struggled by the furnaces below.

The steel itself begged for mercy for us
as we practiced our hell utterly
going upstream in the compact heat.

But we relied on our strong kidneys,
our strong hearts and our hatred of the river.
We brought *S/S Alma* straight against the current.
To say that we are still alive is hardly true.
But we have a way of giving ghostly smiles
when people mention the peanut trade.

FROM

Passad

[*TRADE WINDS*]

(1945)

Olika länder

I det feta landet
var huset stort och starkstockat
och som en gul klimp i en soppa
källans måne.

I nödens land
låg kojan nedbränd, barnet dött
och likt ett kranium i källan
samma måne.

Strandsorl

Något svart och hårt
griper ner i gult.
Är det ett spänne som håller samman hårsvall?
Nej, ett halvhöljt ankare i sand på Listers kust.

Runtom är fotspår.
De går ner i havet.
Vindarna dela din håg,
kattfotshedens vind och oceanens.
Solnedgången i väster är för längtaren
en solens egen västliga resa om kvällen.

Längtan töjer ut jaget
till vindlande band kring jorden.
Längtan kommer av lång, av längd och av länge.
Längtan är det som förlänges.
Var är du själv
sedan vågorna vandrat med dig?

Different Countries

In the country of riches
the house was large and strongly built
and like a yellow dumpling in a soup
the moon in the spring.

In the country of want
the hovel was burned down, the child dead
and like a cranium in the spring
that same moon.

Beach Murmurs

Something black and hard
grabs something yellow.
Is it a barrette holding thick, beautiful hair together?
No, it is an anchor, half-buried in the sand on the coast of Lister.

There are footprints everywhere.
They disappear into the sea.
The winds divide your heart,
the wind of the ocean and the moor's mountain everlastings.
As evening comes, for someone longing
the sunset in the west is the sun's own westward journey.

Longing stretches the self
into winding ribbons around the earth.
Longing is derived from *long*, *length* and a *long* time.
Longing is that which is lengthened.
Where are you yourself
after the waves have roamed with you?

Det lysande väna

Sädesfälten bländande upplösande
i skolbläcksblå ögon.
Flickor och fjärilar lyste
med väna tittut i det mognande vetets sken.
Fälten liknade utbredda guldmoln landade på jorden.
Täcka bröllopstärnor i skir organdi
bockade sig med låtsade nödrop för svalorna
        som för svarta pilspetsar.

Och medan sinnena rusades av ljuset
        och hela himmelen förförde
böjdes tankarna av sig själv in på den väg
som heter Tron på det goda –
en solighetens kungsväg mellan vete.

Så började mångas liv
och fortfor i en god tro
som det hade varit meningslöst att störa,
och alla de ljusfrälsta vandrade hän mot åskor och krig
som mognade med vetet.

The Radiant Beauty

Grain fields blinding and dissolving
in school ink blue eyes.
Beautiful girls and butterflies shone
playing peekaboos in the radiance of the ripening wheat.
The fields looked like diffused clouds of gold landed on earth.
Dainty bridesmaids in airy organdy
dipped for the swallows with pretended cries of distress
        as if for black arrowheads.

And while the senses were intoxicated by the light
        and the entire sky was the seducer,
thoughts turned naturally onto that path
which is called Faith in Goodness—
a sunny royal road through the wheat.

That's how the life of many began
and continued in a good faith
which would have been meaningless to disturb,
and everyone saved by the light walked forth toward thunder and war
which ripened with the wheat.

Hemlig ödemark

Än gömmer sig en hemlig lilja
än växa granar högt och dölja
ett kamoflerat drömmens ruckel
som gömmer sig för tidens vilja.

Folk anar att det finns. De ropa
en hotfull maning inåt snåren
men sus och tystnad är det enda
de få till svar. Tyst ruva åren.

En sorgsen skogsvind rör sig sakta
från träd till träd för att förvilla.
Och träden föra ropen vilse
tills allting upphör och blir stilla.

Wilderness Secret

A secret lily hides there still
and firs still grow tall concealing
the camouflaged hovel of one's dreams
hiding from the march of time.

People imagine that it exists. They
admonish the thickets with a threat
but murmur and silence is the only
answer they get. The years brood silently.

A sad forest wind moves slowly
from tree to tree as if to confuse.
And the trees lead the voices astray
until everything ceases and goes still.

Havskrogen

Vinkustens kvinnor stirrade fjärrögt efter fler sjömän.
De redan plundrade nickade mot dem kring runda bord.
Plötsligt började några plockade matroser att sjunga
för att hävda sina själar genom havet.
De sjöng hela natten
dyningslånga skeppssånger om ett strandlöst liv.

Enbusken

Tyst står han vid stenen,
enig med ljungen.
Bland stickbarren
sitta bären svärmvis
som uppfångade hagelskott.
På honom biter ingenting.
Han brukar borsta nordanvinden.
Hans kvistar är sega som senor.
Med det kargaste härdar han ut,
men doftar ändå, har ändå behag.
Åt gravar och golv gav han ris,
och ett gott öl bryggde han
där han stod, stark och vänlig,
klämd mellan grå stenar i Thule.

The Sea Tavern

The women of the wine coast stared into the distance for new mariners.
Those already cleaned out nodded to them around round tables.
Suddenly a few fleeced sailors started singing
to assert their souls through the sea.
All night they sang
chanteys as long as the swells about a shoreless life.

The Juniper

He stands quietly by the stone,
of one mind with the heather.
Among prickly needles
swarms of berries hang
like caught lead shot.
Nothing gets him.
It is his job to brush the north wind.
His branches are tough like sinews.
He endures with everything that is barren,
but he is still fragrant, has a charm of his own.
He gave his twigs to graves and floors,
and a good beer was brewed from him
where he stood, strong and friendly,
squeezed between gray stones in Thule.

Ur "Blad"

1

Slåttern går
och alla som önskat sig vara blommor
förändra hastigt sina önskningar.

2

Hö och dagg höra inte samman
och vinterhästen delar helst upp sin dyrkan
på torrt rent hö och klart vatten.
Han tar sitt hö med ömma tänder, tunga huvudslängar.
När han dricker ser han ner i sån
med blicken hos en som vet livet.
Sitt förakt delar han lika mellan sentimentalisten och slaktaren.
Erfaret sorgsna glänsa hans ögon.

3

Nere emot insjön ligga klöverfälten väl avvägda
och befriade från alla hindrande stenar.
För knivar och liar och allt som mejar
har mänskan alltid varit mån om att inga stötestenar må finnas.

6

Augusti dog, och september
och lysmaskarna slocknade i de kalla regnen.
Så kom frosten: den kom tidigt,
och bara stjärnorna lyste
högt ifrån där ingen regnstorm släcker.

From "Blades"

1

During haying
all those who wished they were flowers
quickly change their minds.

2

Hay and dew do not go together
and in winter the horse prefers to divide his worship
between dry, clean hay and clear water.
His delicate teeth take the hay with an unwieldy tossing of the head.
When he drinks, he looks down into the tub
with the look of someone who understands life.
He divides his contempt equally between the sentimentalist and the butcher.
His eyes gleam, sadly experienced.

3

Down toward the lake the even clover fields lie
cleared of all obstructing boulders.
For knives and scythes and everything that mows
humans have always made sure that there may be no stumbling blocks.

6

August died, and September
and the glowworms grew dim in the cold rains.
Then the frost came: it came early,
and only the stars shone
from up high where no rainstorms can extinguish.

Leken

När du vill tro att du lätt
      färdas rakt mot strömmen,
spring då ut på bron en månskenskväll.
Stenbron sätter då genast av mot strömmens gamla silver.
Fram hinner du aldrig, men mycket i livet
måste vara lek för att levas.

In emot slåttern

I försommardagen ta klöverblommorna
tyst emot humlorna på en avskedsbjudning.
Det sker värdigt
och humlan tackar för allt som har varit.

Melodiska barnröster
följa liksom med en psalm
vinden över fälten som nu vänta sin stund.

Göken har tystnat.
Den hördes för var dag allt längre och längre bort.
Mot slutet lät den som en kyrkklocka.

The Game

When you want to believe that you travel so easily
    straight against the current,
hurry out on a bridge on a moonlit night.
The stone bridge immediately takes off against the old silver current.
You will never get there, but there's much in life
that must be played in order to be lived.

Getting Close to Haying

On an early summer's day the clover blossoms
silently receive the bumblebees on a farewell party.
It is done with dignity
and the bumblebee says thank you for everything that has passed.

Across fields waiting for their moment
the melodious voices of children follow the wind
as when a psalm is sung.

The cuckoo is now silent.
It was heard further and further away each day.
Towards the end it sounded like a church bell.

Dora

Under hatten av strå vars flätning silade solen över din panna
blickade björnhallonmörka ögon, barnsligt borrande.
Tyst ville du försvara ditt ansiktes mörka regn av fräknar.
Men ibland glömde du dig och skrattade.

Ollonborrarna

Sommarkvällens himmel är som en vacker ögonvita.
Dovt dra ollonborrarna
med långa brummanden förbi.

När någon gång de landa
ser du deras gammalmodigt underliga prakt,
täckvingarnas dämpade gröngyllne glans
som av indisk mässing.

Dora

Below your braided straw hat filtering sunlight across your forehead
blackberry-dark eyes peeked out, childishly piercing.
Silently you wanted to defend the dark sprinkle of freckles on your face.
But sometimes you forgot yourself and laughed.

The Cockchafers

The evening summer sky is like the beautiful white of an eye.
The cockchafers pass by
with their long, muffled droning.

When they occasionally land
you can observe their strange, old-fashioned splendor,
the subdued golden green sheen of the wing cases
like brass from India.

I JUNI

Vårens sista stjärnor visa sig, men utan skärpa.
De är små, månbleka och utan sting.
Trötta på att gnistra i vintrarna
vila de ut i sommarens ljusa nätter.

D. H. LAWRENCE

Den timmen väntade du, då tingen på nytt skulle få själ
och besökas i sitt inre av smak, själ och känsla
på den inåtvända sinnlighetens dag.

Men utåtvänd var världen.
Det enda som mognade helt var missförstånden.

Den nya, djupa nattvard du sjöng om, blev aldrig av.
Bordet var dukat där inne,
men bara några få kom
och bara några få kunde äta.
De andra kom av en nyfikenhet som ingenting betydde.

Din inre kyrka i köttet måste stängas.
Nu står den prisgiven i stålstormen
på de utåtvändas djävulshed.

In June

The last stars of spring show themselves, but without sharpness.
They are small, moon-pale and lack sting.
Tired of sparkling through the winters
they take a rest in the light nights of summer.

D. H. Lawrence

You waited for that hour when things would once again have a soul
and be visited within, on the day of introverted sensuality,
by good taste, soul and affection.

But the world was extroverted.
Only the misunderstandings ripened fully.

That new, deep communion you sang about never happened.
The table was set inside,
but only a few came
and only a few could partake.
The others came out of a sense of curiosity that meant nothing.

Your internal church of the flesh had to close.
Now it stands abandoned in the storm of steel
on the diabolical moor of the extroverted.

Besök på observatorium

Vi såg en nebulosa i en tub.
En gyllne dimflock tyckte vi oss se.
I större tuber kunde den sig te
som tusen solars ofattbara rum.

Vår tankes svindel föreställde sig
att den sig lyfte, högt från jordens krig,
från tid och rum – vårt livs naivitet –
till andra dimensioners majestät.

Där härskar ingen lag av livets sort.
Där härska lagarna för världars värld.
Där bölja solarna till mognad bort
och klinga in i alla solars härd.

En rikedom av solar finnes där.
Var sol pulserar där med alltets lag
i större solars oerhörda sken.
Och allt är klarhet där och dagars dag.

Visit to an Observatory

We saw a nebula in a tube.
We thought we saw a golden gathering of fog.
In larger tubes it appeared incomprehensible
a room holding a thousand suns.

Our giddy thoughts imagined
that it rose high above the wars of earth,
above time and space—the naiveté of our lives—
to the majesty of other dimensions.

The laws of the living do not rule there.
It is the laws of the world of worlds that rule.
Suns drift away toward ripeness
fading into the hearth of all suns.

There is a wealth of suns there.
Each one pulsates with the law of the universe
in the enormous gleam of greater suns.
Everything is clarity and the day of days.

Harry Martinson:

A Bibliography of books in English translation

Views from a Tuft of Grass. Los Angeles: Green Integer, 2005. Translated by Lars Nordström and Erland Anderson.

Aniara: A Review of Man in Time and Space. Ashland, Oregon: Story Line Press, 1999. Translated by Stephen Klass and Leif Sjöberg.

Wild Bouquet: Nature Poems. Kansas City: BkMk Press, 1985. With Drawings by the author. Translated and introduced by William Jay Smith and Leif Sjöberg.

Aniara: A Review of Man in Time and Space. New York: Alfred A. Knopf, 1963. Adapted from the Swedish by Hugh MacDiarmid and Elspeth Harley Schubert.

The Road. London: Jonathan Cape, 1955. Translated by M. A. Michael.

Flowering Nettle. London: The Cresset Press, 1936. Translated by Naomi Walford.

Cape Farewell. London: The Cresset Press, 1934. Translated by Naomi Walford. Illustrated by John Farleigh. Please note that the author's last name is misspelled as "Martinsson." This book was simultaneously issued in New York by Putnam.

Anthologies:

Friends, You Drank Some Darkness. Three Swedish Poets: Martinson, Ekelöf, and Tranströmer. Boston: Beacon Press, 1975. Chosen and translated by Robert Bly.

Eight Swedish Poets. Staffanstorp, Sweden: Cavefors, 1969. Translated by Fredric Fleisher.

Photo by Cynthia Nordström

About the Translator

Lars Nordström was born in 1954 in Stockholm, Sweden, where he lived until 1974. He was educated at the University of Stockholm and Portland State University in Portland, Oregon, where he received a BA in English in 1981. He then moved to Uppsala University, Sweden, where he received his Ph.D. in American literature in 1989. He is the recipient of several Fulbright grants, a Scandinavian Foundation grant for academic research in the USA, several Swedish Institute grants and awards, a Dagmar and Nils William Olsson Fellowship, as well as a Rockefeller Foundation Bellagio Center Fellowship. In 1988 he settled with his wife and two sons on a small vineyard in Beavercreek, Oregon. For many years Lars Nordström worked as a technical translator in the high tech industry, but now divides his time between growing wine grapes and writing and translating literature, as well as giving talks on various Swedish-American subjects.

Lars Nordström has published prose, poetry, translations, oral histories, interviews, articles, and scholarly materials in Sweden, Norway, Finland, Canada, Japan and the United States in magazines such as *Studia Neophilologica, Alchemy, Horisont, The Great River Review, the new renaissance, Translation, The Greenfield Review, The Swedish-American Historical Quarterly, Calapooya Literary Review, Hubbub, ICE-FLOE, Northwest Review, Oregon Literary Review, PRISM International, International Poetry Review, The Chariton Review, WRIT* and many more.

For an up-to-date list of Lars Nordström's writings, please visit www.larsnordstrom.com

For information on ordering this book
and other titles, please visit our website at:
www.wordcraftoforegon.com